Kurt Scharf

Achtung

Bibliografische Information der Deutschen Nationalbibliothek:
Die Deutsche Nationalbibliothek verzeichnet
diese Publikation in der Deutschen Nationalbibliografie;
detaillierte biografische Daten sind im Internet unter
www.bnd.de abrufbar.

Herstellung und Verlag:
BoD – Books on Demand, Norderstedt

ISBN: 9783757883508

Zentrum

Welche Winkel sind verborgen
in dem Haus das dich bewohnt
mit den gut getarnten Sorgen
und dem Glück das dich verschont?

Kreisend um die dunkle Mitte
fällt das Licht in sich zurück,
bleibt, als ungesagte Bitte,
zeitverloren Stück um Stück.

Einsicht

Wenn wir wieder uns bemühen
um das Glück der vielen andern,
wirklich immer dann erblühen
stärker unsre Wünsche, wandern

durch die Schicht der lichten Stunden,
als Geschenk des wahren Lebens
liebend hier und dort gefunden;
niemand, niemand hofft vergebens.

Verblendung

Diese Zeit kam uns abhanden,
ruhevoller Weite Plan;
weil wir selbst uns nicht mehr fanden,
bricht sich nun Verwirrung Bahn.

Statt in Wäldern zu begehren
Sehnsucht, hölzern dargebracht,
ketten wir uns an die schweren
Dinge unsrer Alltagsfracht.

Zwischenbericht

Und dem Dunkel eingeschrieben,
eilen Wolken mit dem Wind
hier entlang, von Angst getrieben,
augenmüd und morgenblind.

Staunend sehen das die Sterne,
senden Silber in die Welt,
bleiben doch in fernster Ferne.
Sonne kommt; die Nacht zerfällt.

Ablauf

Alles immer angefangen
angesichts des frühen Lichts;
später war der Tag vergangen,
und ereignet hat sich nichts.

Kein Ergebnis, das gegolten
für die fern geführte Zeit;
trieben nur die unverzollten
Träume in die Ewigkeit.

Wanderung

Windverwoben in den Blüten,
lag ein Lächeln überm Land,
wollte sanft den Tag behüten,
aller Liebe Unterpfand.

Und im Walde, wo wir gingen,
streute sich erneut das Licht;
und wir sahen und empfingen
aller Bäume Zuversicht.

Start

Dieser Morgen ist gekommen,
wie ein Lied nach langer Nacht,
und hat Aufenthalt genommen,
für den neuen Tag gemacht.

Alle Farben sind beisammen,
keine fehlt in diesem Bild.
Und die Welt, der sie entstammen,
leuchtet wieder wundermild.

Gegenwind

In dir ruhen alle Dinge,
lauten Lebens Widerschein,
Abgesang der Wellenringe,
still verpflichtet deinem Sein.

Aber öffnest du die Augen,
blicken dich die Dinge an,
fremde Freunde, und sie saugen
sich in deine Seele dann.

Ausweg

Platz dem lichten Sein und Weben,
allem Leben neuen Raum!
Dass wir in die Zukunft schweben,
einzulösen unsern Traum:

den wir schon vergessen hatten
in dem Überangebot
flirrend wirrer Nebelschatten
und der starren Stunden Tod.

Ermunterung

Wälder senden neue Worte,
Land beginnt und endet hier,
regen Lebens Leibeskorte
in dem Wogenwindrevier.

Findest du das grüne Weben
täglich wie ein schönes Spiel,
wird es wieder Hoffnung geben
immer als das nächste Ziel.

Fragwürdig

Wann beginnt denn nun das Bangen
vor dem nächsten großen Schritt?
Hat die Zukunft angefangen?
Oder schleppt die Zeit uns mit

träger noch als wir sie denken,
allen Zielen unvertraut?
Können wir die Spiele lenken
ohne jemand der sie schaut?

Erwägung

Schuldlos schauen uns die Zeiten
über ihre Schultern an:
Stunden, denen wir entgleiten
täglich in der Achterbahn

ferngelenkter lascher Taten
und dem müden Ehrbegriff,
zugeteilt in kleinen Raten
auf dem viel zu engen Schiff.

Gegenwart

Zeit, sich auf den Hof zu freuen,
wenn es wärmer wird am Tag,
Meisen ihre Brut betreuen
hier am Efeu der sie mag.

Sind so schöne viele Stunden,
denen nichts an Glück entgeht,
stets dem Lebenslicht verbunden.
Bis der Wind sich wieder dreht.

Erwartung

Schatten schlingen sich um Dächer
und der Abend fällt herab,
breitet seinen grauen Fächer
über Dinge die es gab

deutlich sichtbar hier am Tage
als Bestand der bunten Zeit.
Leise lauert eine Frage:
Sind wir für die Nacht bereit?

Lebenslauf

Wolltest nur im Hellen gehen,
von der Dunkelheit befreit,
niemals sollten dich umstehen
Schatten deiner Kinderzeit.

Konntest dich dem Leid verbünden
auf dem langen Weg nach vorn,
aber nie den Mut ergründen,
überwinden nie den Zorn.

Phase

Regen redet; leise Stimmen
dringen aus dem Unterholz,
klingen wieder ab, verschwimmen,
und vergessen ihren Stolz.

Aber nach dem großen Schweigen,
das noch an den Zweigen klebt,
werden sich die Wälder zeigen,
schöner hier ins Licht gewebt.

Fragen

Hast du denn das Glück gefunden,
abgestrahlt von jenem Stern,
alle Ängste überwunden;
bleiben dir die Sorgen fern?

Bist du morgen noch am Leben,
vor die Sonne dir verlischt,
wirst du an den Dingen kleben,
oder hat es dich erwischt?

Zuspruch

Und die Zeichnung birgt das Wesen,
rundet deiner Blicke Grund;
Bilder wirst du wieder lesen,
deuten diesen Farbbefund,

der die Töne bringt zum Klingen
nach des langen Schweigens Leid;
und das Lied wird in dich dringen.
Höre zu; du hast noch Zeit.

Gewöhnung

Geht mir nun die Zeit verloren,
deren Sinn ich nie begriff,
bleibe ich der Nacht verschworen,
kreise um das Schattenriff,

werde nie den Tag erkunden,
der da lauert schön und lang,
habe nichts herausgefunden,
hörte nicht der Dinge Klang.

Verlust

Die ihn schon vergessen wollen,
noch bevor der Tag zerbricht,
kriechen müde in die Stollen;
künstlich kümmert dort das Licht.

Und von allem was sie dachten,
bleibt nurmehr ein kleiner Rest,
den sie in den Traum verfrachten,
der die Nacht gewinnen lässt.

Stufenlos

Sind es solche Kleinigkeiten,
deren Plan ins Große steigt,
waren sie zu allen Zeiten
über unser Sein geneigt?

Schauen wir verstört aufs Ende,
eines vagen Ziels beraubt,
fallen wir in fremde Hände,
weil an Rettung niemand glaubt.

Zweifel

Wieder ist ein Tag vergangen,
still gesunken in die Nacht;
Träume haben angefangen,
von dem Monde überbracht.

Wieder wird es Morgen werden,
und des Mondes Sichel flieht
mit den frühen Wolkenpferden.
Was, wenn dies nicht mehr geschieht?

Vorbei

Was ist weiter noch zu sagen?
Diese Stunden kommen bald:
Jenes letzten Tages Klagen
sinken in verbrannten Wald.

Alle Wasser sind verschwunden,
nichts bewegt sich auf dem Land;
niemand da, der dies bekunden
könnte; Leere bis zum Rand.

Hoffnung

Uns in neues Glück zu schwingen,
irgendwann sind wir begabt,
all die Liebe einzubringen
die in lichte Träume trabt.

Lenken müssen wir die Schritte
zu dem Ziel das immer schweigt,
treffen uns abseits der Mitte
und dem Nebel, der noch steigt.

Unterfangen

Nur umarmt von kaltem Regen,
ja, wir tasten uns voran
auf den abgelegnen Wegen,
und wir stolpern dann und wann,

fallen in die tiefen Schichten
grauer Vor-Vergangenheit,
aber wollen doch berichten
von der Zukunft schöner Zeit.

Kreislauf

Wo sich Hindernisse finden,
treibt der Wille in die Welt,
friedlich sie zu überwinden:
diese Hürden, hingestellt

von uns selbst, die wir hier leben
als der Hoffnung letzter Test;
wenn wir aus den Träumen schweben,
gibt uns Wirklichkeit den Rest.

Klärung

Schau genau in alle Ecken
dieses Lebens Hinterland,
wo die Dinge sich verstecken,
in Vergangenheit gespannt.

Und vergesse dann die Worte,
die du einst gesprochen hast,
stehe wieder an der Pforte,
werfe ab die letzte Last.

Verloren

Unterwegs am Tag gewesen,
Duft von Wäldern mitgebracht,
alle Stunden handverlesen;
nun das Zögern vor der Nacht.

Ungesagte Worte wirken
noch am nächsten Morgen nach,
lagern in den Satzbezirken
als Bericht, den niemand sprach.

Wälder

Das ich stets besingen werde,
das die Sinne mir erfreut:
dieses Bartgeflecht der Erde,
struppig auf die Welt gestreut.

Meine Ängste sind vergessen,
alle Klagen weit entfernt,
und ich singe nur stattdessen
alte Lieder, früh gelernt.

Stimme

Schräg verfließen hier die Wellen
sandgeriffelt; leiser Klang
wird den Tag dir nun erhellen,
müder Orte Angesang.

Und du stehst in deinem Leben
wie ein Bettler vor der Tür.
Aber wer soll dir was geben?
Der dich fragt und sagt: wofür?

Brief

Brauchst dich nicht um mich zu sorgen,
komme klar zu jeder Zeit.
Außer vielleicht früh am Morgen,
wenn die Sehnsucht in mir schreit.

Außer vielleicht spät am Tage,
wenn die Hoffnung neu entsteht,
eingehüllt in eine Frage,
die in deine Träume geht.

Trost

Wirr verirrt im Zeitgefüge,
sind wir mit dem Nichts verlinkt,
offenbart sich uns die Lüge
welche wie die Wahrheit klingt:

Keine Angst ist mehr vonnöten,
niemand wird uns etwas tun,
und es kommen Morgenröten
nach den langen Nächten nun.

Schauer

Seltne Gäste, ziehen Wolken
regensatt in unsre Stadt,
schwinden wieder, leer gemolken;
Lied, das kaum begonnen hat,

endet schon nach knapper Strophe,
findet niemand der es singt.
Nur die Steine auf dem Hofe
sind für kurze Zeit beschwingt.

Gewitter

Regenmassen fluten nieder.
Blitze hellen Gassen auf.
Vögel singen keine Lieder,
sitzen unterm Dachgetrauf.

Dies geschieht noch vor dem Tage,
der der Tage letzter wird;
wir verschwinden ohne Klage,
blasse Wesen, ausgeschirrt.

Aufenthalt

Dauerkarte: abgelaufen;
Erdbewohner schauen dumm
aus der Wäsche, nichts zu kaufen
hier im Provisorium.

Ferne Sterne: unerreichbar;
wo es besser könnte sein,
diesem Leben fast vergleichbar,
fällt den Göttern nicht mehr ein.

Ursprung

Aus den Dingen gründet Denken,
dem zuvor der Sinn gefehlt,
welchem sich die Worte schenken,
auf das leere Blatt gezählt.

In der Tiefe lauern Silben;
werden sie ans Licht gebracht,
mögen Sätze bald vergilben,
hat sie nur ein Traum erdacht.

Erinnerung

Mittags liegt, mit Licht beladen,
dieser Fluss in seiner Bahn,
sehnt sich nach den Nebelschwaden
und dem abgewrackten Kahn,

den er noch von früher kannte,
als die Welt in Ordnung war,
vor der Zeit, da alles brannte,
vor dem Tag in jenem Jahr.

Verklungen

Nie beschrieben, nie gesehen,
tauchen wir nun wieder ab
aus der Welt im Handumdrehen
in das kühle Weltraumgrab,

liegen dort in dunklen Strecken;
wenn wer kommt nach langer Zeit,
wird er lachend uns entdecken:
Artefakt der Endlichkeit.

Verfall

Selbst die Vögel sind verschwunden.
Fort. Und still ist nun der Ort.
In die Hitze eingebunden,
lugt ein letztes Sommerwort

aus verdorrten langen Zweigen,
schafft nicht mehr den Weg aufs Blatt.
Also bleibt nur noch das Schweigen,
findet keine Rede statt.

Nachklang

Suchte er die ersten Lieder,
die das Leben ihm gewann,
fand die Worte später wieder,
schon ein alter müder Mann,

schrieb sie hin, im vagen Hoffen
dass sie nie vergessen sind,
hat sie nur im Traum getroffen,
war für kurze Zeit ein Kind.

Eintrag

Vogelstimmen sind zu hören.
Und der Wald ist mir vertraut.
Nichts wird hier den Duft zerstören,
der sich schmiegt an meine Haut.

Ach, das Rascheln untern Füßen!
Nachher geh ich hin zum See,
will dort froh den Tag begrüßen,
werde wohl noch ewig le

Geltung

Wir, um das nochmal zu sagen,
stecken fest; die Gegenwart
wird hier niemand weitertragen.
Zukunft bleibt uns so erspart.

Könnten wir den Weg erkennen,
den das Leben immer nahm,
würden wir den Sinn benennen:
Alle Wandlung humpelt lahm.

Verständnis

Aber doch: die schönen Tage,
angefüllt mit sanftem Licht,
kennen keine dumpfe Klage,
legen immer, Schicht um Schicht,

zärtlich sich auf deine Augen,
senden Klänge unverstellt,
die auch morgen etwas taugen.
Aber doch: du liebst die Welt.

Fazit

Und wir nisten in den Rissen
stattgehabter Lebenszeit.
Alles flieht, von dem wir wissen,
zu der Sterne Einfachheit.

Keinem Sein sind wir verpflichtet,
und in keinen Sinn gespannt,
werden hier nur kurz belichtet;
unser Name: nie genannt.

Abwehr

Wenn die Abendschatten sinken
und das Dunkel nach dir schnappt,
deinen Traum, der kommt, zu trinken,
werden Wände aufgeklappt,

stehst du plötzlich auf der Straße
mitten in der Dinge Schar,
die mit dir in gleichem Maße
Ängste teilt und auch Gefahr.

Ertrag

Weiß nicht wer das Lied geschrieben,
das von Weidenästen sang,
von dem Wind ins Nichts getrieben,
weiß nicht wo es je erklang.

Bin ja selbst vom Lied vergessen,
das da lebt an fernem Ort;
und ich klammre unterdessen
mich vergeblich an ein Wort.

Erlebnis

Zwischen all den bleichen Blumen
und direkt am Wegesrand
dieses Pfades aus Bitumen
leuchtend rot die Pflanze stand.

Und wir gingen zu der Schönen;
sie zu ehren, war das Ziel:
sie berühren und verwöhnen.
Als wir's taten: sie zerfiel.

Darüber

Manchmal kann ich nur beschreiben,
was im Hofe hier geschieht,
was die kleinen Schwalben treiben,
wenn die Nacht den Morgen flieht.

Und mir reichen wenig Worte.
Vor dem Schuppen landet Licht,
das ich in den Vers verorte
für ein Schwalbenkindgedicht.

Geduld

Wenn der Tag mit halber Lunge
nur noch atmet in der Stadt,
streckt der Abend seine Zunge
uns heraus, wir werden matt.

Was wir alles machen wollten,
bleibt vergessen in der Nacht.
Träume treiben unverzollten
Kummer, morgens überbracht.

Wechsel

Der da hat mein Wort gestohlen,
findet aber keinen Platz,
es in seinen Raum zu holen
und in irgendeinen Satz.

Also lässt er diese Silben
wieder frei und an die Luft.
Werden sie nun dort vergilben?
Schleppt sie ab ein andrer Schuft?

Gespräch

Was die Blumen mir noch sagen,
wenn das Wetter widrig ist,
wird mich wieder weiter tragen
und verlängert meine Frist

dieses Aufenthalts im Leben.
Achte ich der Blumen Wort,
werden wir uns nicht ergeben,
hält es sie und mich am Ort.

Porträt

Ach, in jener kleinen Stube
in dem alten krummen Haus,
saß er, noch ein halber Bube,
schrieb aus sich die Welt heraus.

Später hat er längst vergessen,
was ihm damals wichtig war
in der Welt, die unterdessen
hängt an einem seidnen Haar.

Unbekannt

Stunden, welche näher kommen,
lieben leichter wir, weil sie,
nicht vergangen, nicht verschwommen,
sich entfalten, aber nie

heller als die Wünsche brennen,
denen wir versprochen sind;
so gelingt das Umbenennen,
alter Dinge Gegenwind.

Vernunft

Während wir vor Allem fliehen,
das uns nützt seit ehedem,
sind die Ängste nur gediehen,
machen Sorgen sich's bequem.

Sollten wir auf alten Pfaden
wieder wandeln durch den Tag?
Werden Lasten abgeladen,
ändern wir den Erdvertrag?

Erweiterung

Leben liegt an kurzer Kette,
die dem Wirt vom All gehört;
wenn er sie verlängert hätte,
wäre er bald sehr verstört.

Würden dann um alle Sterne
Erden kreisen, reich bewohnt.
Und es gäbe keine Ferne.
Nur noch Nähe, die sich lohnt.

Diskurs

Freiheit zeigt sich im Bestreben,
eigner Schwäche gut zu sein;
und ein fehlerloses Leben
lang zu loben, kürzt es ein.

Mängel sind, vermehrt, Begierden,
unterlegen seit Beginn;
nur der Trauer sanfte Zierden
führen uns zur Zukunft hin.

Resultat

Schon belagert von versteppten
Randgebieten, tagen wir;
Fluch des Suchens nach Konzepten:
Leider keine Lösung hier.

Pläne fallen durch die Lücken
in das Wasser, welches steigt
über alle unsre Brücken.
Schreit die Erde? Nein, sie schweigt.

Vergeblich

Bei dem Gang entlang den Gassen,
fiel mir ein: Ich war schon hier,
einem Traume zugelassen,
eingeebnet ins Revier.

Fremd erscheinen mir die Wege,
keine Tür tut sich mir auf;
keine Zeichen, null Belege.
Und ich warte. Doch worauf?

Geschichte

Aus den Zeitenmeeren ragen
Inseln, spärlich nur besetzt.
Wesen wanken, zanken, schlagen
sich darum, wer wen verletzt.

Und die Inseln gehen unter,
festes Land ist nicht in Sicht.
Alle Sterne schauen runter,
senden und verschwenden Licht.

Stille

In die Nächte fällt das Schweigen,
das der Tag im Schnabel trug;
während Träume aufwärts steigen,
endet jeder Höhenflug,

und es bleiben in der Tiefe,
treiben, dunkler als die Nacht,
Dinge in des Raumes Schiefe,
sind des nächsten Tages Fracht.

Verlustanzeige

Zeit gedeiht in allen Stunden.
Und verschwindet: Ewigkeit.
Zeit, wenn sie dem Raum verbunden,
schafft das Leben, streut es breit.

Die wir aus der Zeit gefallen,
haben keine Räume mehr
für ein Echo. Wir verhallen,
ohne eine Wiederkehr.

Balance

Endlich ist der Tag gekommen,
dem wir gern verbunden sind.
Aber, von der Nacht benommen,
stehen wir wie taub und blind,

her getaumelt durch die Gassen,
vor dem Licht und spüren nichts,
wenn wir nach der Helle fassen,
außerhalb des Gleichgewichts.

Auftrag

Schaust du wieder aus dem Fenster,
wagst du dich in diesen Tag,
schwinden hin die Nachtgespenster
mit dem frühen Stundenschlag.

Du verbündest dich dem Leben.
Nimm, was du erkennen kannst,
was du später willst verweben.
Trau dem Blau; die Erde tanzt.

Geschrieben im Sommer 2023.

Inhalt

Phase

Fragen

Zuspruch

Gewöhnung

Verlust

Stufenlos

Zweifel

Vorbei

Hoffnung

Unterfangen

Kreislauf

Klärung

Verloren

Wälder

Stimme

Brief

Trost

Schauer

Gewitter

Aufenthalt

Ursprung

Erinnerung

Verklungen

Verfall

Nachklang

Eintrag

Geltung

Verständnis

Fazit

Abwehr

Ertrag

Erlebnis

Darüber

Geduld

Wechsel

Gespräch

Porträt

Unbekannt

Vernunft

Erweiterung

Diskurs

Resultat

Vergeblich

Geschichte

Stille

Verlustanzeige

Balance

Auftrag